Hans-Peter Tiemann

Das Schultütentheater

Mit vielen Rollen!

Freche Sketche und artige Ansprachen zur Einschulung in die weiterführende Schule

Lernen mit Erfolg
KOHL VERLAG
Der Verlag mit dem Baum
www.kohlverlag.de

Möchten Sie mehr vom Kohl-Verlag kennen lernen? Dann nutzen Sie doch einfach unsere komfortable und informative Homepage! Dort erwarten Sie wertvolle Informationen rund um unser gesamtes Sortiment sowie aussagekräftige Leseproben zu jedem lieferbaren Produkt!

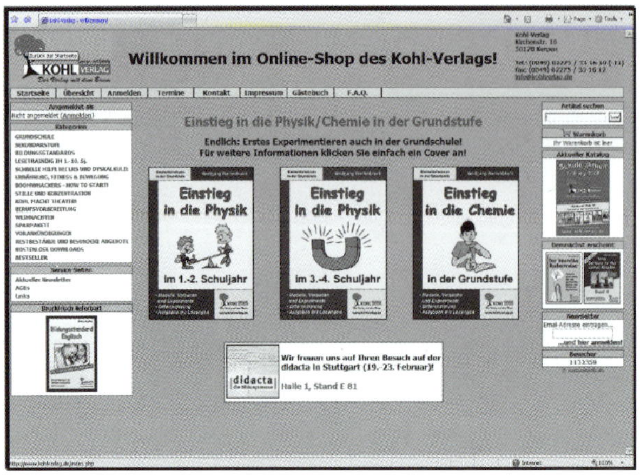

www.kohlverlag.de

Das Schultütentheater

Freche Sketche und artige Ansprachen
zur Einschulung in die weiterführende Schule

1. Auflage 2008

Inhalt: Hans-Peter Tiemann
Grafik & Satz: Kohl-Verlag
Druck: Druckerei Ralf Küster, Aachen-Brand

Bestell-Nr. 10 930

ISBN: 3-86632-930-X

Inhalt

Die Stücke:

KOHL VERLAG Der Verlag mit dem Baum
„Das Schultütentheater“
www.kohlverlag.de Sketche zur Einführung in die weiterführende Schule - Bestell-Nr. 10 930

Vorwort

Liebe Theaterleute,

Die Szenen und Ansprachen des Schultütentheaters möchten Ihnen dabei helfen, bunte Einschulungsfeiern für die 5. Klassen zu gestalten. Hier stehen die Kinder im Mittelpunkt, denn sie sollen sich vom ersten Tag an in der neuen Schule gut aufgehoben fühlen.

Statt steifer Rituale und Festreden finden Sie 5 vitale Spielszenen mit zahlreichen Bezügen zum Alltag der Adressaten. Immer geht es ‚drunter und drüber', verrückte Ideen verfremden den Schulalltag, das Kinderpublikum kann sich wiederfinden, die kleinen Ängste und Unsicherheiten des ersten Schultages sind sehr schnell vergessen, wenn auf der Bühne Schulalltag und Lehrerleben karikiert werden.

Das Material kann im feierlichen Rahmen eines Schulgottesdienstes ebenso verwendet werden wie in der kleinen Feierstunde in der Schulaula. Alle Szenen laden dazu ein, ergänzt und aktualisiert zu werden. Die Spiele dauern bis zu fünfzehn Minuten und können mit wenigen Proben eingeübt werden.

Die Ansprachen möchten kleine pädagogische Denkanstöße geben, indem sie die Motive der Spielszenen aufnehmen und verarbeiten.

Viel Vergnügen mit dem Schultütentheater wünschen der Kohl Verlag und

Hans-Peter Tiemann

1 Notenschmerz

Die Angst vor der neuen Schule ist das beherrschende Thema der folgenden Spielszenen. Pauline möchte am ersten Schultag am liebsten im Bett bleiben, hört sie doch aus der Küche nur Bedrohliches. Da ist von strengen Lehrern und von einer Erprobungsstufe die Rede. Paulines Angsttraum wird auf der Bühne lebendig.
Das Spiel kann mit ein paar Bühneneffekten – Licht, Geräusche – wirkungsvoll inszeniert werden.

Die Rollen:

- Pauline, eine Fünftklässlerin
- Mutter *(Hannelore)*
- Vater *(Rüdiger)*
- 3 Lehrerinnen
- Herr Achenbach, Sportlehrer
- Mr. Walter, Englischlehrer
- 4 Mitschüler aus der 5. Klasse *(Olli, Frank, Paul, Marc)*

1. Szene

Auf der Bühne steht ein Bett. Darin liegt Pauline. Ihr Wecker klingelt. Sie stellt ihn ab und schläft scheinbar weiter. Im Hintergrund sprechen Mutter und Vater. Sie bleiben zunächst für das Publikum unsichtbar.

Mutter: *(ruft sehr freundlich)* Pauline! Steh bitte auf, mein Schatz!

Pauline: *(mürrisch, bleibt liegen)* Ich bin aber noch müde, Mama!

Mutter: *(ruft)* Heute ist dein erster Schultag. In der neuen Schule warten sie bestimmt schon auf dich.

Tom: *(Gespräch im Hintergrund)* Diese verflixte Krawatte bringt mich um, sie bringt mich um ...

1 Notenschmerz

Pauline: *(richtet sich im Bett auf)* Hat er ‚umbringen' gesagt? In der neuen Schule warten sie schon darauf, mich umzubringen?

Vater: So geht es nicht, Hannelore!

Mutter: Es liegt nicht an der Krawatte, Rüdiger. Dein Hals ist zu dick.

Vater: Wenn ich diesen verdammten Knoten nicht löse, werde ich bei der Einschulungsfeier ersticken.

Pauline: *(schreckt hoch)* Ersticken? Bei der Einschulungsfeier?

Mutter: Du musst hinten etwas nachgeben. Ich helfe dir ...

Vater: Au! Das ist keine schwarze Krawatte, das ist eine Lakritzschnecke, und zwar eine ungebügelte.

Mutter: Schimpf nicht, Rüdiger!

Vater: Das Ding binde ich mir jedenfalls nicht um den Hals. Weg damit!

Mutter: *(inzwischen energisch)* Pauline, so steh doch endlich auf!

Pauline: *(immer noch mürrisch, aufgeregt)* Ja doch, gleich!

Vater: Meine Milchsuppe! Sie ist kalt, eiskalt!

Mutter: Dann stelle sie bitte in die Mikrowelle.

Vater: *(laut zu Pauline)* Zu meiner Schulzeit wurden Langschläfer und Drückeberger von den Paukern sofort durch den Fleischwolf gedreht.

Pauline: *(spricht für sich)* Ich will aber in der Schule nicht durch den Fleischwolf gedreht werden!

Vater: Für Weicheier ist die Erprobungsstufe der reinste Schleudersitz.

Pauline: Hab ich da eben Erprobungsstufe gehört? Er-pro-bungs-stufe? Was erproben sie denn da? Eine neue Waffe gegen Schüler? In so eine Schule gehe ich nicht! Das klingt ja wie im Gruselfilm ...

KOHL VERLAG Der Verlag mit dem Baum
„Das Schultütentheater" Sketche zur Einführung in die weiterführende Schule - Bestell-Nr. 10 930
www.kohlverlag.de

2. Szene

Musik und Lichtwechsel deuten an, dass nun Paulines Vision gespielt wird.
3 Lehrerinnen treten in Hexengestalt an ihr Bett.

1. Lehrerin: Oh seht nur, Kollegen! Vor uns liegt Paulinchen,
das neue Grundschul-Versuchskaninchen.

2. Lehrerin: *(reibt sich die Hände)* Es freut sich der Lehrer, es jubelt das Herz, an der da erproben wir ...

Alle Lehrerinnen: Notenschmerz!
Sie lachen böse, holen Lehrerkalender hervor und tragen Noten ein.

3. Lehrerin: Eine Sechs gibt es gleich schon im ersten Diktat.

1. Lehrerin: Frau Kollegin, ist das nicht ein bisschen zu hart?

3. Lehrerin: Ich möchte mal sehn, wie die Note sie quält.

2. Lehrerin: Und ich bin gespannt, wie der Blutdruck dann fällt.

1. Lehrerin: Im Aufsatz verpasse ich ihr eine Sieben.
Danach verordne ich 4 Wochen Üben.

2. Lehrerin: Hat sie auch nur einen Fehler gemacht,
Kriegt sie in Bio bei mir eine Acht.

3. Lehrerin: Nicht ganz so energisch, wir sollten sie pflegen.
Ich denke, wir rufen den Sportkollegen!

Alle: *(rufen)* Herr Achenbach!

Herr Achenbach: *(kommt im Trainingsanzug mit Trillerpfeife hereingelaufen)*
Bei mir hilft kein Klagen und kein Gezeter,
Selbst Protestieren hat gar keinen Zweck.
Die Kleine läuft erst einmal 10 000 Meter,
Dann turnt sie für eine Stunde am Reck.
Anschließend baumelt sie an den Ringen
Und ich zieh sie hoch unters Hallendach.
Dort oben beginnt sie ganz munter zu singen:
„Ich liebe den Sport bei Herrn Achenbach!"

KOHL VERLAG Der Verlag mit dem Baum
„Das Schultütentheater" Sketche zur Einführung in die weiterführende Schule - Bestell-Nr. 10 930
www.kohlverlag.de

1 Notenschmerz

Alle: *(begeistert)* Bravo, Herr Achenbach!

1. Lehrerin: *(befühlt die Muskeln von Herrn Achenbach)*
Was wäre unser Stundenplan
Ohne diesen starken Mann!

2. Lehrerin: Fürwahr Kollegen, ihr habt Recht,
Der Mann ist in der Tat nicht schlecht.

3. Lehrerin: Doch Schule funktionierte nicht
Ohne Englischunterricht.

Mr. Walter: *(kommt freundlich herein)*
Hello girls and hello boys,
My Name is Mr. Walter.
Ich erprobe gern was Neues.
Wie wär's mit Sprachenfolter?

Pauline: *(schreckt aus ihrem Traum hoch und kreischt)* Nein!

Mr. Walter: *(Die Lehrerinnen kommentieren die Vorschläge von Mr. Walter mit zustimmendem Gekreische.)*
Ich starte mit Vokabeltest
Auf Englisch und auf Spanisch.
Danach diktiere ich den Rest
Ganz schnell auf Koreanisch.
Schließlich werd' ich das Kind noch prüfen
Mit Keilschrift und mit Hyroglyphen.

Alle: Bravo, Mr. Walter!

Pauline: *(schreckt aus ihrem Traum hoch, richtet sich im Bett auf und ruft ängstlich)* Aber ... das kann ich doch gar nicht!

1. Lehrerin: Habt ihr gehört, *(Sie macht Pauline nach)* das kann sie doch gar nicht.

2. Lehrerin: Das arme Mädchen! Sie sagt, sie kann es noch nicht.
(Sie lachen Pauline aus.)

Mr. Walter: Und falls mal ein Schüler nicht antworten will,
Leg ich ihn auf den Vokabelgrill.
(Wieder jubeln und kreischen die drei Lehrerinnen.)

Alle: Na bitte, da siehst du's, liebes Kind,
An deiner neuen Schule sind
die Lehrer nicht da um zu loben,
wir möchten die Neulinge lieber ... *(laut)* erproben!

Pauline: Verschwindet! - Warum hilft mir denn niemand? *(Die Lehrerinnen und Mr.Walter huschen davon.)* Zum Glück gibt es ja noch die anderen Kinder, meine neue Klasse ... *(schläft scheinbar beruhigt wieder ein)*

3. Szene

4 Jungen betreten die Bühne. Sie fühlen sich sehr stark, wirken bedrohlich.

Olli: Hallo, da sind wir, die Fünfergang.

Frank: Die coolen Erprobungsstufenkids.

Paul: Ich bin der Paul und der da heißt *(engl.)* Frank.

Marc: Wir haben Ideen, wir lieben den Witz,

Olli: Auch Streiche sind gut, vor allem die groben,

Paul: Die werden wir an den Neuen erproben.

Alle: Wir ärgern und petzen,
Ziehen Mädchen an Zöpfen.
Wir lassen die Kleinen
Auch ab und zu weinen.
Das Werfen mit Kreide
Bereitet uns Freude.
Wir mobben und quälen
An Bushaltestellen.
Und alle hier fürchten die Fünfergang,
Paulchen, Olli, Marc und Frank!
(Sie gehen ab.)

4. Szene

Pauline: *(schreckt hoch und ruft verzweifelt)* Hilfe!

Mutter: *(kommt zu ihr gelaufen)* Pauline, was ist denn?

Pauline: *(aufgeregt)* Meine neue Schule ist in Wirklichkeit eine Folterkammer.

Mutter: *(tröstet)* Pauline, was redest du für einen Unsinn. Du hast alles nur geträumt.

Pauline: *(immer noch aufgeregt)* Aber die Lehrerinnen sind Hexen, der Sportlehrer hat mich unter die Hallendecke gehängt und der Englischpauker will mich grillen.

Mutter: Hast du ‚grillen' gesagt?

Pauline: Ja Mama. Es riecht hier so merkwürdig.

Mutter: Das kommt aus der Küche ... es riecht angebrannt.

Pauline: Das ist er!

Mutter: Wer?

Pauline: *(aufgeregt)* Der Vokabelgrill von Mr. Walter. Bestimmt röstet er nebenan schon einen Klassenkameraden. Hilfe!

Vater: *(kommt vergnügt dazu, hantiert immer noch an seiner Krawatte herum)* Halli hallo, sie ist zwar noch ein bisschen heiß. Dafür ist sie jetzt butterweich und kneift nicht mehr.

Mutter: *(erstaunt)* Rüdiger! Hast du etwa deine Krawatte gebraten?

Vater: Sie ist aus Versehen mit der Milchsuppe zusammen in die Mikrowelle geraten. Sieht man das etwa?

Pauline: *(wieder vergnügt)* Man riecht es, Papa!

Mutter: *(lacht)* Jetzt aber schnell in die Schule!

- ENDE -

KOHL VERLAG Der Verlag mit dem Baum
„Das Schultütentheater" Sketche zur Einführung in die weiterführende Schule - Bestell-Nr. 10 930
www.kohlverlag.de

1 Notenschmerz

Die Ansprache

Liebe Kinder, liebe Erwachsene,

ich hoffe, ihr Kinder hattet nicht so einen bösen Traum, wie ihn uns die Darstellerinnen und Darsteller gerade vorgespielt haben.
Dass aber viele von euch aufgeregt sind und vielleicht gestern Abend nicht einschlafen konnten, kann ich gut verstehen.
Während Pauline von einem Angsttraum gequält wurde, nahm sich ihre Freundin Jasmin am Abend vor ihrem ersten Schultag ganz fest vor, von der besten Schule der Welt zu träumen und damit alle ihre bösen Gedanken zu vertreiben.
In Jasmins bester Schule der Welt sollten alle Lehrerinnen so sein wie Frau Wehmeier. Das war die Klassenlehrerin der Grundschule. Mit ihr hatte sie bisher nur gute Erfahrungen gemacht. Frau Wehmeier konnte wunderbar trösten, wenn einmal etwas daneben gegangen war. Sie konnte spannend erzählen und sie wusste sich in der Klasse durchzusetzen, was gar nicht so einfach war.
Die Mitschülerinnen sollten alle so sein wie ihre beste Freundin Pauline, mit der Jasmin jedes Geheimnis teilte. Auch war Pauline immer zu Späßen aufgelegt, ging nachmittags mit Jasmin zum Reiten, ins Schwimmbad oder zum Eis essen.
Die Jungen – na ja, von denen wollte sie nur drei bis vier in der Klasse haben. Alle sollten sie so sein wie Sebastian. Der sah mit seinen blonden Stehhaaren niedlich aus, der schämte sich nicht, auf dem Schulhof beim Gummitwist mitzuspielen, und in Mathe war er außerdem sehr gut. Dann gab es da noch den Stundenplan in der besten Schule der Welt: Vier Stunden am Vormittag, das reichte allemal. Und bei den Schulfächern dachte Jasmin an ihre zahlreichen Hobbys.
So kam der erste Schultag, und bereits auf dem Pausenhof traf Jasmin die erste Frau Wehmeier und rief ihr ein freundliches ‚Guten Morgen, Jasmin!‘ zu, so wie sie das auch in der Grundschule getan hatte. Auf dem Weg zum Klassenzimmer begegnete ihr eine zweite Frau Wehmeier, die der ersten zum Verwechseln ähnlich sah und dem Mädchen ‚Alles Gute!‘ wünschte. In der Klasse warteten bereits 23 Paulines mit blonden Haaren und bunten T-Shirts sowie drei bis vier Sebastians, die im Chor ‚Hallo Jasmin!‘ riefen.
Und kaum hatte sich das Mädchen gesetzt, da fragten 23 Paulines: „Hast du heute Nachmittag schon etwas vor? Bitte, lass uns reiten gehen!“ In den folgenden Schulstunden kamen weitere Zwillingsschwestern von Frau Wehmeier, insgesamt vier.
Es begann mit Pferdekunde, anschließend ging die Klasse in die Sporthalle, die in der besten Schule der Welt natürlich keine Sporthalle, sondern eine Reithalle war. Frau Wehmeier 3 gab dann eine Kunststunde, in der natürlich Pferdebilder gezeichnet wurden, und schließlich folgte Pferdologie.
Am nächsten Tag lernte Jasmin Frau Wehmeier 5 bis 8 kennen, die übrigens Nummern an den Pullovern trugen, um Verwechslungen auszuschließen. Es begann mit einer interessanten Englischstunde zum Thema ‚the horse‘ (deutsch: das Pferd). Und weil Jasmin Musik so gern mochte, folgte die Musikstunde mit den neuesten Titeln der Horse Family.

KOHL VERLAG Der Verlag mit dem Baum „Das Schultütentheater“ - Bestell-Nr. 10 930
www.kohlverlag.de Sketche zur Einführung in die weiterführende Schule

1 Notenschmerz

In der großen Pause wurde es für Jasmin ein wenig unangenehm, denn 23 Paulines standen um sie herum, wollten mit ihr jedes Geheimnis teilen, waren zu Späßen aufgelegt und verabredeten sich für den Nachmittag zum Reiten.
Während der Deutschstunde musste sie dann für Frau Wehmeier 6 eine Erlebniserzählung mit dem Titel ‚Mein Pferd und ich' schreiben, und nachher gab es in Mathematik eine Partnerarbeit, bei der man berechnen sollte, wie viel Hafer sechs Pferde in vier Tagen fressen, wenn zwei Pferde in drei Tagen fünf Sack verputzen.
Immerhin, die drei bis vier hilfsbereiten Sebastians hockten sich zu Jasmin mit den Worten: „Komm, ich zeige dir, wie's geht!"
So verging die erste Schulwoche in der besten Schule der Welt mit den neuesten, den allerneuesten und den allerallerneuesten Titeln von der Horse Family, dazu Pferdegeschichten, Pferdebilder, Mathepferde, Englischpferde und Pferde im Kreis in der Reithalle.
Am folgenden Montag saß Jasmin ganz betrübt in der Klasse, und alle Paulines der Welt konnten ihr den Kummer nicht vertreiben. Auch die Frau Wehmeiers, die herbeigeeilt waren, um das Kind zu trösten, hatten heute keinen Erfolg. „Meine liebe Jasmin", sagte Frau Wehmeier 1, „was können wir für dich tun?" „Musik, Musik, wir brauchen Musik!" rief Frau Wehmeier 2, „Das hört sie so gerne!" Und kurz darauf dröhnte aus allen Lautsprechern der Schule der allerneueste Hit der Horse Family. Jasmins Tränen aber waren nicht aufzuhalten. „Mein Kind, du bekommst doch bei uns alles, was du willst. Wie wäre es jetzt mit Reiten?", flüsterte Frau Wehmeier 3 und Frau Wehmeier 4 fügte hinzu: „Ich hole uns schnell ein Pferd, mein Kind! Es geht dir doch gut hier, oder? Schließlich sind wir die beste Schule der Welt."
Frau Wehmeier 5 und 6 kramten Taschentücher hervor und tupften dem Mädchen die Tränen von den Wangen. Die Sebastians, die sich im Kreis um Jasmin aufgestellt hatten, zeigten ganz viel Verständnis für das Mädchen und mussten schließlich mitheulen.
„Aufhören!", rief Jasmin aus Leibeskräften, „Aufhören!" Und sie rief so laut, dass die Mama aus dem Schlafzimmer nebenan herbei geeilt kam und sich über das Kinderbett beugte. „Wovon hast du nur wieder geträumt, mein Kind!"
So hatte sich der Traum von der besten Schule der Welt in einen bösen Albtraum verwandelt.
Euch Kinder kann ich nur beruhigen: Unsere Schule ist nicht die beste Schule der Welt. Unsere Lehrerinnen und Lehrer tragen keine Nummernschilder und heißen auch nicht Frau Wehmeier. Dafür unterscheiden sie sich voneinander. Und das ist gut so. Da gibt es Spaßvögel, Geschichtenerzähler, vielleicht auch mal einen Langeweiler oder eine ganz strenge Person. Ihr aber seid bei uns keine Grundschul-Versuchskaninchen, wir haben keine Vokabelfolter, nur ab und zu ein paar kleine Tests, aber auch keine Pferdologie. Unsere Schule ist stinknormal und das Beste hier im Haus, das seid ihr selbst mit euren Ideen und mit eurer Neugier.
Ihr könnt uns Lehrer immer dann aus der Ruhe bringen, wenn wir das nötig haben. Und ihr könnt uns bremsen, wenn wir irgendwann vergessen sollten, dass wir selbst einmal Kinder waren. Wenn wir vergessen sollten, wie schwer es ist, sich in dieser komplizierten Welt zurecht zu finden.
Für die gemeinsame Zeit, die nun vor uns liegt, wünsche ich euch Kindern und Ihnen, liebe Eltern, alles Gute und Gottes Segen!

2 Spielkinder

Bei der Einschulung sind kindliche Schultüten noch vollgestopft mit Spielwünschen und Spielerinnerungen. Den Neulingen wird in dieser Szene vorgeworfen, sie seien verspielt und unreif. Therapeuten kommen mit klugen Erklärungen auf die Bühne und ein Schultaschen-Detektor fahndet nach versteckten Kuscheltieren.
Aus dem Vorwurf wird in der Ansprache jedoch eine Kompliment: Spielkinder sind vitale Kinder, deren Tugenden die Schule pflegen sollte.

<u>Die Rollen</u>:

- **6 Sechstklässler**
  Paul
  Yasemin
  Viktor
  Sina
  Hanna
  Marie
- **3 Therapeuten**
- **2 Fünftklässler**
  Jonas
  Anna
- **Der Schultaschen-Detektor**
  (3-6 Kinder)

1. Szene

6 Sechstklässler blicken mit Ferngläsern ins Publikum, zählen die Kinder durch und sprechen dabei laut durcheinander:

Mutter: Wie viele sind es, Yasemin?

Yasemin: *(zählt)* 115 -116 - 117 - 118 - 119 - 120 - 121 - 122 - 123 - 124 ....
Yasemin gibt die Zahl der neuen Fünftklässler an ihren Nachbarn, der sagt sie seinem Nachbarn, schließlich kommt sie beim Chef – Paul – an: 124

2 Spielkinder

Viktor: 124, Chef!

Paul: 124 Muttersöhnchen.

Marie: Es sind auch ein paar Mädchen dabei, Chef.

Paul: Noch schlimmer, 124 Spielkinder.

Hanna: 62 Neulinge.

Yasemin: Wieso 62?

Hanna: Kannst du rechnen?

Yasemin: Klar!

Hanna: 124 halbe Portionen.

Sina: 124 pädagogische Fruchtzwerge

Marie: 124 Grundschul-Überraschungseier.

Paul: Verwöhnt, verspielt, verzogen.

Yasemin: Die sehen alle aus, als ob man sie im Ikea-Kinderparadies vergessen hätte.

Paul: An die Arbeit, observieren, los!

Marie: Was ist das, Chef?

Paul: Du sollst unsere Neulinge ganz genau unter die Lupe nehmen. Mach schon!

Sie blicken durch die Ferngläser.

Viktor: Ich sehe etwas.

Hanna: Ich auch.

Yasemin: Hier vorn hat einer Oma und Opa mitgebracht.

Marie: Da hinten, das gibt's nicht!

2 Spielkinder

Paul: Was ist denn da los?

Marie: In der vorletzten Reihe sitzt einer bei seiner Mami auf dem Schoß.

Paul: Es wird schlimmer von Jahr zu Jahr.

Viktor: Da hinten hockt noch einer im Laufstall.

Yasemin: Drüben kaut eine auf ihrem Schnuller herum.

Marie: Im Gang wird einer im Buggy geschoben.

Hanna: Demnächst kommen die Kleinen im Bobbycar in die Schule.

Sina: Da hinten ...

Paul: Was ist da?

Sina: Da lutscht noch einer am Daumen ...

Die Sechstklässler: Nein!
Wir haben unter unseren Leuten
Zum Glück auch Psychotherapeuten,
Die auf der Suche nach den Quellen
Für diesen Zustand unterstellen,
Dass in der Kindheit, in der Wiege
Der Grund für diese Störung liege.

KOHL VERLAG Der Verlag mit dem Baum
www.kohlverlag.de
„Das Schultütentheater“
Sketche zur Einführung in die weiterführende Schule - Bestell-Nr. 10 930

2. Szene

Die Therapeuten treten in weißen Kitteln auf und sprechen zum Publikum. Dabei mustern sie streng die neuen Fünftklässler.

1. Therapeut: Hat der Kleine eingekotet?

2. Therapeut: Hat er sich den Schal verknotet?

3. Therapeut: Wurd' er mal zu heiß gebadet?

1. Therapeut: Das hat ihm bestimmt geschadet.

2. Therapeut: Lutscht er manchmal noch am Daumen?

3. Therapeut: Aß er ungewasch'ne Pflaumen?

1. Therapeut: Träumte er von feinen Damen?

2. Therapeut: Trägt er einen Doppelnamen?

3. Therapeut: Hat er Puppen kahl geschoren?

1. Therapeut: Zog er Mädchen an den Ohren?

2. Therapeut: Ging er barfuß durch die Pfützen?

3. Therapeut: Trug er selbst gestrickte Mützen?

1. Therapeut: Trieb er etwa wilde Spiele?

2. Therapeut: Sagen Sie, wenn ja, wie viele?

3. Therapeut: Konnte er Kritik ertragen?

1. Therapeut: Fiel er aus dem Kinderwagen?

2. Therapeut: Hat er aufs Parkett gepillert?

3. Therapeut: Oder die Mama gekillert?

3. Therapeut: Kaut er an den Fingernägeln?

KOHL VERLAG Der Verlag mit dem Baum
„Das Schultütentheater" Sketche zur Einführung in die weiterführende Schule - Bestell-Nr. 10 930
www.kohlverlag.de

1. Therapeut: Hält er sich nicht an die Regeln?

2. Therapeut: Raucht er etwa Zigaretten?

3. Therapeut: Schläft er oft in fremden Betten?

1. Therapeut: Hat er Haustiere gequält?

2. Therapeut: Im Bett statt Schäfchen Geld gezählt?

3. Therapeut: War ihm Fernsehen ganz egal?

1. Therapeut: Dann ist das Kind ...

Alle: Nicht ganz normal.

Die Therapeuten treten ab.

3. Szene

Die Sechstklässler kommen zurück.

Paul: Das genügt. *(Paul wendet sich an seine Mitschüler.)* Kontrolliert sie, los!

Yasemin: Das ganze Programm, Chef?

Paul: Das ganze Programm.

Marie: Sollen wir alle Neulinge untersuchen und überprüfen?

Paul: Ja doch. Bei uns an der Schule gibt es keine halben Sachen. Kompletter Grundschul-Check mit Eignungstest für die fünfte Klasse. Macht schon, los los!

KOHL VERLAG
„Das Schultütentheater“
www.kohlverlag.de Sketche zur Einführung in die weiterführende Schule - Bestell-Nr. 10 930

2 Spielkinder

Sie laufen zum Publikum, stellen sich am Rand auf und sammeln ein paar Schultaschen der Fünftklässler ein.

Viktor: Hier Chef, die Schultaschen.

Paul: Fühlen sich mächtig schwer an.

Yasemin: Und was schwer ist, ist verdächtig.

Paul: Wir werden es herausfinden. Die Maschine bitte!

Eine menschliche Maschine tritt auf: 3-6 Kinder im Gleichschritt hintereinander. Sie bewegen sich wie Roboter, stellen sich nebeneinander auf und machen die folgenden Bewegungen synchron.

Marie: Meine Damen und Herren, sie sehen hier den ganzen Stolz unserer Schule!

Hanna: Das Ergebnis jahrelanger Entwicklungsarbeit unserer Leistungskurse Informatik, Pädagogik und Physik.

Paul: Der Gymi-Eignungs-Schultaschen-Detektor! *(oder entsprechend: Hauptschul-; Realschul-; Gesamtschul-).*

Sina: Es würde an dieser Stelle zu weit führen, seine genaue Funktionsweise zu erklären.

Marie: Außerdem verstehen das unsere Grundschulzwerge sowieso nicht.

Paul: Führen wir also gleich den Schultaschentest durch.

Die eingesammelten Schultaschen werden vor die Maschine gestellt, so dass jedes Kind eine Schultasche zur Prüfung bekommt.

Schultaschen-Detektor: *Die Schultaschen werden aufgenommen und geschüttelt. Die Maschine spricht im Chor, sehr mechanisch:*

rüttel- rüttel- rüttel - rüttel
prüüf- prüüf
rüttel- rüttel- rüttel- rüttel
prüüf- prüüf

Eine Mikrowelle wird simuliert, indem sich die Kinder mit den Schultaschen auf der Stelle drehen.

ticktackticktack
ticktackticktack
strahl strahl
strahl strahl
koch
brodelbrodelbrodel
koch
brodelbrodelbrodel
koch
brodelbrodelbrodel
Plink!

Die Untersuchung scheint abgeschlossen, die Maschine kommt zum Stillstand.

grübel
stutz
stutz
grübel
stutz
stutz
grübel
stutz
stutz
Aha!
Aha!
Aha!
Aha!

Die Schultaschen werden geöffnet, umgedreht und ausgekippt. Zahlreiche Kuscheltiere fallen heraus.

Schütt-schütt-schütt-schütt
schütt-schütt-schütt-schütt ...

Die Maschine verstummt.

Paul: Na also, Kuscheltiere!

Marie: *(böse drohend zum Publikum)* Ihr Neulinge verwechselt unsere Schule wohl mit ‘nem Streichelzoo.

Sina: Ihr gehört nicht zu uns, ihr solltet ins Barbie-Internat geh‘n oder zu den Teletubbies!

4. Szene

Zwei empörte Fünftklässler im Publikum, Jonas und Anna, stehen auf und kommen auf die Bühne.

Jonas: *(energisch)* Aufhören!

Anna: Was fällt euch ein, so mit meinem Strolchi *(Sie nimmt sich ihr Kuscheltier zurück.)* umzugehen!

Viktor: Dein Strolchi?

Anna: Allerdings, mein Strolchi! *(Sie nimmt das Kuscheltier an sich und drückt es.)*

Yasemin: Entschuldige, aber so etwas gehört nicht in diese Schule.

Paul: Du bist schließlich in der fünften Klasse.

Die Sechstklässler: Comichefte, Colaflaschen
Steckt man nicht in seine Taschen.
Arbeitshefte, Lineal
Hat man drin auf jeden Fall.
Kugelschreiber, Hefter, Füller
Bleistiftspitzer, Tintenkiller
Schnell noch ein Schulbrot, sei nicht dumm,
So geht man ins Gymnasium.
*(alternativ: Schnell noch ein Schulbrot, ist doch klar,
Realschule – oder: Hauptschule, Gesamtschule – ist wunderbar!)*

2 Spielkinder

Jonas: Hört sich gut an. *(zu Paul)* Zeig doch mal ***deine*** Tasche!

Paul: Wieso denn meine Tasche?

Yasemin: Zeig sie ihr, Chef! Wir haben nichts zu verbergen.

Viktor: In unseren Schultaschen befinden sich Schulbücher. Sonst nichts.

Marie: Wir sind schließlich schon in der 6. Klasse.

Anna: *(schaut in die Tasche)* Soso. Und was ist das? *(Sie holt ein Stofftier heraus.)*

Die folgenden Erklärungen der Sechstklässler nehmen jeweils direkte Bezüge zum gegenwärtigen Spielzeugmarkt und zur Unterhaltungsindustrie auf, sollten also bei Bedarf aktualisiert werden.

Yasemin: Das ist ... äh ... wir schreiben heute eine Englischarbeit. Und das ist so eine Art ... äh ...

Viktor: Ein Glücksbringer.

Hanna: Er ist immerhin Engländer, nicht wahr, Billy.

Jonas: Und was ist das hier? *(Er holt Pokemon-Karten aus der Tasche.)*

Paul: Ein paar Po po po po po ...

Yasemin: Pokemonkarten- wegen der Mathestunde. Wir rechnen aus, wie groß die Wahrscheinlichkeit ist, dass man nicht erwischt wird, wenn man unter der Bank Pokemon spielt, während der Lehrer an der Tafel steht.

Marie: *(Sie holt einen MP-3 Player aus der Tasche.)* Und was ist das? Wohl für den Musikunterricht, was?

Viktor: Na und? - Ein MP-3 Player mit englischer Musik zum Englischlernen ...

Marie: Das gibt es nicht, die coolsten Typen der Schule sind in Wirklichkeit die größten Spielkinder.

Jonas:	Und jetzt gebt uns endlich unsere Kuscheltiere zurück!
Yasemin:	He, warte mal ...
Marie:	Was ist denn?
Paul:	Wenn ihr Fünftklässler wollt, treffen wir uns demnächst in den großen Pausen.
Jonas:	Taschenkontrolle?
Paul:	Nein!
Alle:	*(Jeder Sechstklässler hält ein Gummiband hin.)* Gummitwist!

- ENDE -

Die Ansprache

Liebe Kinder, liebe Erwachsenen!

Die erste Prüfung habt ihr Fünftklässler also prima überstanden: den kompletten Eignungscheck mit Schultaschenkontrolle – durchgeführt von der Spezialeinheit der Klasse ... (oder der Spielgruppe ...)
Soll ich euch jetzt auch pädagogische Fruchtzwerge oder lieber Grundschulüberraschungseier nennen? Nein, besser nicht! – Ein anderes Wort aus der letzten Szene ist mir sehr viel sympathischer: Gestattet, dass ich Spielkinder zu euch sage. Ich meine das nicht als Vorwurf, sondern als Kompliment.
Spielkinder sind nämlich reiche Leute. Ganz egal, ob sie viel Taschengeld bekommen oder nicht. Ich gebe euch ein Beispiel.
Viele kennen aus Büchern oder aus Filmen ein ganz berühmtes Spielkind namens Tom Sawyer. Hätte unsere Taschenprüfmaschine Tom Sawyers Hosentaschen gefilzt, wären, wie Mark Twain schreibt, folgende Dinge gefunden worden: Zwölf Murmeln, Trümmer einer Maultrommel, ein Stück blaues Glas zum Durchschauen, eine Zylinderspule, ein Schlüssel, mit dem man allerdings nichts aufsperren konnte, ein Stück Kreide, der Glasstöpsel einer Wasserflasche, ein Zinnsoldat, sechs Raketen, ein einäugiges Kätzchen, ein Hundehalsband aber ohne Hund, ein Messergriff und vier Orangenschalen.
Ich nehme an, in euren Hosentaschen befinden sich keine Beutestücke dieser Art. Viele hätten zwar Platz genug, weil sie den modernen XXL-Schlabberlook tragen, aber der ganze Plunder birgt Verletzungsgefahren und ist außerdem unhygienisch. Wozu braucht ihr heutzutage auch eine bunte Glasscheibe, wo ihr doch den Farbfernseher daheim habt. Was sind schon 12 Murmeln gegen das neue 3D-Magic-Murmel-Computerspiel.
Und das einäugige Kätzchen habt ihr neuerdings viel handlicher, pflegeleicht mit zwei Augen und mindestens 5 Leben auf dem Display eures Handys.

Viele Erwachsene machen sich deswegen Sorgen. Die Kinder von heute, so klagen sie, hätten das Spielen längst verlernt. Ihnen fehle die Fantasie. Sie übersehen dabei aber, dass selbst ein Junge wie Tom Sawyer, ein Stromer, Abenteurer und Sachensucher, ein richtiges Spielkind also, heutzutage auch keine Hundehalsbänder oder Zinnsoldaten in der Tasche hätte.
Tom Sawyer würde ebenso wie ihr Fußballbilder tauschen oder Inliner fahren. Tante Polly hätte ihm zum Geburtstag einen Lego-Technik Bausatz geschenkt, und statt im Mississippi zu baden, ginge Tom Sawyer ab und zu ins Städtische Freibad. Er hätte sich natürlich auch bei uns hier in Becky Thatcher verknallt, doch bliebe sehr wenig Zeit für ein Rendezvous, denn Becky hätte montags Flöten, dienstags Ballett, mittwochs Volleyball und donnerstags wieder Flöten. Dass sie Tom mag, hätte sie ihm längst in einer SMS mitgeteilt.

KOHL VERLAG Der Verlag mit dem Baum „Das Schultütentheater" Sketche zur Einführung in die weiterführende Schule - Bestell-Nr. 10 930 www.kohlverlag.de

2 Spielkinder

Ab und zu säße Tom Sawyer auch vor dem Fernseher. Die Tour de France hätte er bestimmt nicht verpasst, aber nach der Etappe wäre er selbst aufs Mountain Bike gesprungen, hätte sich in Jan Ullrich verwandelt und wäre ungedopt und abenteuerlustig losgesprintet.
Natürlich hätte Tom alles das, was Kinder heutzutage so in Steckdosen stecken. I-Pod, MP-3 Spieler und CD-Wechsler – allerdings würde er bei Stromausfall nicht verzweifeln, denn es gäbe ja noch Huckleberry Finn, einen guten Freund also, auf den man sich verlassen kann.
Und ihr? – Ich vermute, dass ihr es ganz ähnlich macht, dass der Fernsehgucker Tim auch selbst gern Tennis spielt, dass Vanessa, die Wendy-Leserin, nicht nur in ihren Heften blättert, sondern auch die lebendigen Pferde draußen auf der Weide besucht, dass Florian, der Spezialist für Science-Fiction-Filme, trotzdem gern auf Bäume klettert und den Landeanflug der Enterprise im Garten nachspielt.
Wenn ihr nun zu uns in die Schule kommt, müsst ihr vielleicht auf den einen oder anderen Spieltermin verzichten. Dafür aber werdet ihr andere Kinder kennen lernen, neue Kontakte knüpfen und hoffentlich neben der ganzen Schularbeit auch noch ein paar Spielanregungen bekommen. Ich wünsche euch einen Physikunterricht, der euch dazu verleitet, daheim weiter zu experimentieren, einen Biounterricht, der euch anregt, auch nach Schulschluss in die Natur zu gehen, eine Theatergruppe, für die ihr auch zu Hause in der Verkleidungskiste stöbern werdet, und einen Deutschunterricht, der euch mit Tom Sawyers Hilfe oder neuerdings mit Harry Potter zeigt, wie aufregend es ist, ein richtiges Spielkind zu sein. Alles Gute für den Schulanfang!

KOHL VERLAG Der Verlag mit dem Baum www.kohlverlag.de „Das Schultütentheater“ Sketche zur Einführung in die weiterführende Schule - Bestell-Nr. 10 930

3 Zahltag

> Das folgende Spiel schlägt eine Änderung der Lehrerbesoldung vor. Falls wir unser Gehalt am Monatsersten aus dem SV-Büro holen müssten, hätte dies Konsequenzen für die Unterrichtsgestaltung? Das folgende Spiel nimmt diese Idee auf und führt uns vor, was passieren könnte. Die Auseinandersetzung mit diesem Thema dürfte auch für Kinder reizvoll sein. Viele werden sich fragen, welche Lehrer Geld wirklich 'verdienen' ...

Die Rollen:

- **3 Fünftklässler**
  Erdal
  Carmen
  Sabrina
- **4 Sechstklässler**
  Lena
  Lisa
  Jonas
  Marie
- **Frau Brinker**, eine Lehrerin
- **Herr Dr. Decker**, ein Lehrer
- **Herr Schattenburg**, ein Lehrer

1. Szene

Drei künftige Fünftklässler gehen suchend auf der Bühne umher.

Erdal: *(ruft zögernd, vorsichtig)* Hallo!

Sabrina: *(schließt sich an)* Ist hier jemand?

Carmen: Merkwürdige Schule, kein Lehrer weit und breit.
Und das am ersten Schultag.

3 Zahltag

Erdal: Vielleicht haben sich die Pauker auf dem Schulklo versteckt?

Sabrina: Du meinst, sie haben Angst vor uns?

Erdal: Oder sie machen gleich am ersten Schultag einen Lehrerausflug.

Carmen: Typisch Lehrer!
Papa sagt, die Lehrer sind alle bequem,
sie arbeiten nur halbe Tage.
Ab 2 kannst du sie auf dem Tennisplatz sehn.
Dann kommt nur noch Freizeit in Frage.

Erdal: Mama sagt, am Sprechtag sind sie meistens krank.
Und wenn sie ‘nen Test korrigieren,
Dann dauert das mindestens 3 Wochen lang,
Bis sie ihn endlich zensieren.

Sabrina: Kluge Eltern habt ihr! Los, rufen wir lieber noch einmal!

Alle Fünftklässler: *(im Chor)* Hallo!

Lena: *(kommt von der Seite)* Pst, leise! Macht hier nicht so einen Lärm!

Erdal: Wer bist du denn?

Lena: Ich bin Lena aus der 6a. Und ihr riecht noch ganz schön nach Grundschule ...

Carmen: Keine Beleidigungen, bitte!

Lena: Seid ihr nun die neuen Fünftklässler, oder nicht?

Sabrina: Erraten!

Erdal: Wir hätten gern eine Lehrerin oder einen Lehrer.

Lena: Da müsst ihr euch noch ein bisschen gedulden.
Unsere Pauker sind zur Zeit beschäftigt.

Carmen: Wo denn?

Lena: Im Kassenraum.

Sabrina: Ist dies etwa kein Klassenraum?

Lena: Im Kassenraum, Kleiner *(sie buchstabiert)* K A S S E N R A U M!

Erdal: Und was machen die da?

Lena: Kommt mit, ich zeig's euch!
(Sie gehen ab und beobachten die folgende Szene.)

2. Szene

3 Lehrerinnen und Lehrer – Frau Brinker, Herr Dr. Decker, Herr Spilker – sitzen auf Stühlen nebeneinander wie im Wartezimmer. Hinter einem Tisch sitzt Lisa an der Kasse, daneben stehen Jonas und Marie.

Lisa: Der Nächste bitte!

Jonas: *(auffordernd zu den Lehrern)* Na los, Beeilung die Herrschaften!

Marie: Wer ist denn überhaupt dran?

Lisa: Auf meiner Liste geht es mit B weiter. Frau Brinker, Klassenlehrerin der 6a.

Jonas: Frau Brinker bitte!

Frau Brinker: *(steht auf und tritt vor den Tisch)* Hallo!

Lisa: Hallo, Frau Brinker. Wir haben leider eine schlechte Nachricht für Sie.

Frau Brinker: *(bestürzt)* Eine schlechte Nachricht?

Marie: Es geht um Ihr Gehalt für den Monat September.

3 Zahltag

Frau Brinker: *(unsicher)* Was ist mit meinem Gehalt für den Monat September?

Jonas: Es ist etwas schmaler ausgefallen als sonst.

Frau Brinker: Noch schmaler als sonst?

Marie: Viel schmaler, Frau Brinker.

Lisa: Der Schüler-Finanzrat hat leider beschlossen, es zu kürzen.

Marie: Eine Lehrerin, die in einer Klassenarbeit 7 Fünfen verteilt, kann nicht erwarten, dass wir ihr das volle Gehalt auszahlen.

Frau Brinker: Es tut ... tut ... mir leid ...

Jonas: Zu spät, Frau Brinker. Außerdem ...

Frau Brinker: Außerdem was?

Lena: Außerdem haben Sie Fabian ins Klassenbuch eingetragen, nur weil er gekippelt hat.

Frau Brinker: So etwas könnte seiner Gesundheit schaden.

Lena: Auf jeden Fall schadet es ihrem Geldbeutel.

Jonas: Stimmt es eigentlich, dass Sie von Freitag auf Montag Hausaufgaben aufgegeben haben?

Frau Brinker: Aber das waren doch Kleinigkeiten.

Jonas: Dafür kriegen Sie heute von uns Kleinigkeiten.

Marie: Wir ziehen Ihnen ... *(sie überlegt)* sagen wir ... 200 Euro ab.

Frau Brinker: *(eifrig)* Ich war immer sehr pünktlich im Unterricht. Oft noch vor dem Stundengong.

Jonas: Das wird ja immer schlimmer, Frau Brinker.

Lisa: Wären sie regelmäßig zu spät gekommen, könnten wir Ihnen jetzt die Pausenverlängerungsprämie auszahlen. So aber gibt es leider ...

KOHL VERLAG Der Verlag mit dem Baum
www.kohlverlag.de
„Das Schultütentheater“
Sketche zur Einführung in die weiterführende Schule - Bestell-Nr. 10 930

3 Zahltag

Frau Brinker: Leider was?

Lisa: 300 Euro weniger: Pünktlichkeitsabzug! Der Nächste bitte!

Frau Brinker bekommt Geld, nimmt es und geht ab. Herr Dr. Decker kommt an den Tisch.

Dr. Decker: *(betont freundlich)* Hallöchen, Kinder!

Kinder: Hallo, Herr Dr. Decker!

Dr. Decker: Nanana, an dieser Schule sagen alle Decki zu mir.

Jonas: In Ordnung, Decki.

Dr. Decker: Die Kollegen nennen mich den Klassenfahrten-Decker. Aber das wisst ihr ja.

Lisa: *(gelangweilt)* Das wissen wir, Herr Dr. Decki.

Decker: Geht dir die Schule auf den Wecker, mach mal ‘ne Klassenfahrt mit Decker!

Jonas: Kommen wir zur Sache, Decki.

Dr. Decker: Ich war kürzlich erst wieder mit meiner 7b unterwegs.

Lisa: Das klingt gut!

Dr. Decker: Wir sind weit gefahren ...

Marie: Das klingt gut!

Dr. Decker: ... bis wir endlich im Park ... äh ...

Jonas: *(fällt ihm ins Wort)* Bis Sie endlich im Center Park waren?

Marie: *(erwartungsvoll)* Oder im neuen Safari Park?

Lisa: Oder im Gelsenkirchener Parkstadion?

Dr. Decker: Bis wir endlich im Parkhaus des Kunstmuseums waren.

KOHL VERLAG Der Verlag mit dem Baum
„Das Schultütentheater“
www.kohlverlag.de Sketche zur Einführung in die weiterführende Schule - Bestell-Nr. 10 930

3 Zahltag

Marie: Im Parkhaus des Kunstmuseums?

Dr. Decker: Dort haben wir Vincent Van Gogh gesehen?

Lisa: Den holländischen Stürmerstar von Schalke?

Dr. Decker: Den berühmten Maler.

Marie: Aber Herr Dr. Decker – so etwas Anspruchsvolles?

Dr. Decker: Van Gogh ist ein Knüller. Wusstet ihr, dass er sich ein Ohr abgeschnitten hat?

Lisa: Auch das noch!

Marie: 300 Euro Abzug für schlechten Geschmack und Körperverletzung!

Jonas: Da bleibt diesen Monat leider kein Pfennig mehr für Sie!

Dr. Decker: Aber Kinder: Alle finden's cool und krass, unser Decki ist ein Ass!

Lisa: Na gut, hier sind 20 Euro für flotte Sprüche. – Aber gehen Sie sparsam damit um! – Vier Wochen sind lang! *(Dr. Decker geht ab.)*

Jonas: Der Nächste bitte!

Marie: Herr Schattenburg, treten Sie näher, wir haben gute Nachrichten!

Schattenburg: Das hört man gern – endlich gibt es Kohle!

Lisa: Wir haben gehört, dass Sie mit der 7b Eis essen gegangen sind.

Schattenburg: Klar doch, in fast jeder Mathestunde – Stracciatella statt Strahlensatz – ist leichter und schmeckt außerdem besser!

Jonas: Weiter so, Herr Schattenburg!

Marie: Das sieht ja ganz nach einer Lohnerhöhung aus!

KOHL VERLAG Der Verlag mit dem Baum
„Das Schultütentheater“ Sketche zur Einführung in die weiterführende Schule - Bestell-Nr. 10 930
www.kohlverlag.de

3 Zahltag

Lisa: Wie lautet ihre Einschlafquote für den vergangenen Monat?

Schattenburg: Wie bitte?

Jonas: Lisa fragt, wie viele Kinder bei Ihnen im Unterricht eingeschlafen sind.

Schattenburg: Ah ja, nur Lorenz Ückermann.

Lisa: Das zählt nicht, der dicke Ückermann pennt sogar im Gehen.

Marie: Sie haben also Ihren Unterricht immer spannend gestaltet?

Schattenburg: Klar doch, ich sage mir immer: „Besser als ‘ne Schlaftablette ist ‘ne Videokassette!”

Marie: Was haben Sie Ihrer Klasse denn Schönes gezeigt?

Schattenburg: “Ein Zombie allein zu Haus”, “Der Killer mit der Wasserpistole” und “Mörderhaie und Fischstäbchen”.

Lisa: Umwerfend, Herr Schattenburg – dafür gibt es ...

Schattenburg: Doppeltes Gehalt?

Alle: Doppeltes Gehalt! *(Schattenburg geht ab.)*

Lena: Bei uns im Haus ist heute wieder Zahltag
Der Schüler gibt dem Lehrer das Gehalt.

Jonas: Für manchen Pauker ist so ’n Zahltag Qualtag,
weil man ihm heute nur die Hälfte zahlt.

Lisa: Herr Schell plagt seine Schüler mit Gedichten,
Mit Schiller und vor allem Bertolt Brecht.

Marie: Dann muss er eben aufs Gehalt verzichten,
Wir Schüler finden so was nur gerecht.

Lena: In Reli gibt’s bei Dinckel nie was Frommes,
Dafür hat sich der Mann was ausgedacht:

Jonas: In seinen Stunden futtern alle Pommes,
Nur weiter so, Herr Dinckel, gut gemacht!

KOHL VERLAG Der Verlag mit dem Baum „Das Schultütentheater“
www.kohlverlag.de Sketche zur Einführung in die weiterführende Schule - Bestell-Nr. 10 930

3 Zahltag

Lisa: Frau Berger spielt statt Mozart nur Bon Jovi.
Das ist uns siebenhundert Euro wert.

Marie: Herr Meier nennt Klaus-Dieter einen 'Doofi!',
Jetzt haben wir ihm sein Gehalt gesperrt.

Alle: Freut euch, ihr Neuen, die Schule ist klasse!
Hier verteilen die Schüler das Geld.
Wir haben die Macht und wir haben die Kasse.
Bei uns gibt's die besten Lehrer der Welt.

- ENDE -

Die Ansprache

Liebe Kinder, liebe Erwachsenen!

die Schülerinnen und Schüler haben uns sehr lebendig vorgespielt, was passieren kann, wenn wir Lehrer von euch Kindern Geld bekämen. Einmal im Monat, bar auf die Hand.
Wir hätten dann sehr bald schon eine Lehrergeldrangliste, angeführt vielleicht vom guten Herrn Schattenburg, der seinen Schülerinnen und Schülern das Eis essen beigebracht hat. Das ist leichter als Mathematik, außerdem schmeckt es besser, und Schattenburg kommt neuerdings nicht mehr mit dem Fahrrad zur Schule, sondern mit seinem neuen Porsche.
Herr Dr. Decker dagegen soll demnächst auf die pädagogische Transfersliste gesetzt und an eine Nachbarschule verkauft werden. Ein Lehrer, der mit seiner Klasse Kunstausstellungen besucht, hat es wohl nicht besser verdient.
Sicher gäbe es dann aber auch schwierige Fälle. In der 7 hätten sie z.B. den Herrn Sonnemann, einen Englischlehrer, über dessen Monatslohn in der Klasse heftig gestritten wird. Susanne mag ihn, weil er immer gute Laune hat und so tolle Witze erzählen kann. Stefan mag ihn nicht, weil nicht nur Sonnemann selbst, sondern auch seine Witze einen langen Bart haben. Christian wiederum findet Sonnemanns Englischunterricht wegen der guten Tafelbilder spitzenklasse, nur Johanna meint, Sonnemann könne gar nicht Englisch sprechen, ja nicht einmal das ***TH*** gelinge ihm, das höre sich so gelispelt an, der Mann habe einen Sprachfehler, und in der Grundschule bei Frau Sander sei sowieso alles viel besser gewesen.
Aber auch der alte Herr Hase ist heftig umstritten: Manche mögen seine liebevolle Art mit Kindern umzugehen, ihnen zuzuhören und immer Geduld zu haben. Andere machen sich über Häschen, wie sie ihn nennen, nur noch lustig.
Auch für mich würde der nächste Zahltag ganz bestimmt zum Qualtag. Wie soll ich meinen Schülern die Rechtschreibung mit all den neuen Regeln beibringen? Da hab ich selbst noch Probleme. Und wenn ich jetzt einen Fehler mache, zieht mir das die 6a demnächst vom Monatslohn ab? Und dann die Gedichte, die ich so gern mag, bei denen die Siebener – ich sehe sie vor mir – bestimmt die Nase rümpfen werden. Ein Zauberlehrling von Goethe kann mich das halbe Gehalt kosten. Mit Hip-Hop-Songtexten hätte ich zwar mehr Geld in der Tasche, dafür aber nicht immer das Gefühl, guten Geschmack bewiesen zu haben. Und den Rotstift, soll ich den zu Hause lassen, soll ich auf Klassenarbeiten verzichten und mit den Mädchen in der Wendy lesen, während ich mit den Jungen am Computer spiele?
Nein – so eine Schule, in der es zugeht wie auf dem Trödelmarkt, die haben wir nicht verdient. Sie, liebe Eltern, nicht, wir Lehrer nicht und ihr Kinder auch nicht.
Wir arbeiten nämlich alle gemeinsam an einer Sache. Die Fachleute würden sagen: Erziehung ist immer ein Dialog: Damit ich ein guter Lehrer sein kann, brauche ich von euch kein Geld, sondern etwas viel Wertvolleres: eure Ideen, eure Fragen, euer Interesse, eure Fantasie und alles das, was zu einem guten Unterricht gehört: Gebt mir eure Geduld, dann darf ich auch mal Fehler machen, denn ich weiß,

KOHL VERLAG Der Verlag mit dem Baum „Das Schultütentheater“ www.kohlverlag.de Sketche zur Einführung in die weiterführende Schule - Bestell-Nr. 10 930

ihr entschuldigt sie. Ich zeig euch dann, wie man neuerdings Portmonee und Ketschup schreibt, und ihr kleckert mit dem Ketschup nicht im Klassenzimmer herum, wenn ihr euch am Kiosk einen Hotdog geholt habt.
Ich werde den Klassenraum mit eurer Hilfe einrichten, ihr versprecht mir, für die Fische im Aquarium zu sorgen, die Klassenbücherei regelmäßig aufzuräumen und niemals Butterbrote unter den Tischen liegen zu lassen.
Ich werde euch irgendwann langweilen, mit Wortarten vielleicht oder mit Lesebuchgeschichten. Haltet trotzdem durch oder sagt mir, wie ich's besser machen kann. Bringt spannendere Geschichten von zuhause mit, vielleicht die, die ihr abends unter der Bettdecke lest.
Wenn ich bei Diktaten auf den langsamen Simon warte, weil der nicht mitkommt, dann drängelt nicht gleich – auch nicht beim Vorlesen der Hausaufgaben.
Es kann sein, dass ich Susanne ein paar Stunden lang nicht drannehmen werde, denn ich weiß ja, dass sie es immer gut macht. Kirsten hat es vielleicht nötiger. Vertraut mir dann einfach und denkt nicht gleich: Der hat ja 'n Lieblingsschüler. Wenn das aber passieren sollte – und so etwas kann bei Lehrern leicht passieren – dann protestiert bitte rechtzeitig.
Und wenn ihr in ein paar Jahren das Photoalbum eurer Schulzeit durchblättert, dann sollten viele ganz verschiedene, bunte Bilder darin sein: Bilder von Klassenfahrten mit Lehrerinnen, denen man heutzutage noch Streiche spielen kann, ohne dass sie gleich böse werden; Bilder von Lehrern, die ihren Beruf und euch Kinder gern haben. Bilder von Spaßvögeln, Geschichtenerzählern, von klugen Frauen, die Auskunft geben können wie ein Lexikon, von solchen, die Zeit haben für eure Probleme, von Geschichtslehrerinnen, die euch mitnehmen in die Vergangenheit, von Kunstlehrern, bei denen ihr euch schmutzig machen durftet, von Sportlehrerinnen, bei denen auch Dicke eine Zwei bekommen können, von Musikern, die euch gut verstehen, auch wenn ihr Techno lieber mögt als Mozart.
Mit eurer Hilfe und mit Ihrer Hilfe, liebe Eltern, und mit Gottes Segen kann dies alles gelingen.

KOHL VERLAG Der Verlag mit dem Baum www.kohlverlag.de „Das Schultütentheater" Sketche zur Einführung in die weiterführende Schule - Bestell-Nr. 10 930

4 Schule-Soft

Wir Lehrerinnen und Lehrer könnten uns viele Vormittage auch ohne Schüler vorstellen: Etatfragen, Fortbildungen, Stundenplanprobleme, es gibt unendlich viele Formen der Beschäftigung mit sich selbst. Das folgende Spiel treibt diesen Gedanken auf die Spitze und zeigt Eltern und Kindern schließlich, dass wir sie doch alle ganz dringend brauchen.

Die Rollen:
- Mutter
- Tochter Annemarie
- Ein Lehrerkollegium *(5 Personen)*

1. Szene

Eine Mutter zieht ihr Kind über die Bühne.

Mutter: Komm schon, Annemarie. Schau doch mal, die vielen Kinder.

Sabrina: Wir sind falsch hier oben, Mama. Wir müssen uns da unten hinsetzen! *(Sie zeigt zum Publikum.)*

Mutter: Unsinn, Annemarie. Von hier oben können wir viel besser sehen. Da, in der dritten Reihe sitzt Jennifer, deine Klassenkameradin. Huhu, Jennifer!

Annemarie: Mama, es ist mir peinlich.

Mutter: Und da ist Ulfi, der kleine Dickmops aus deiner Parallelklasse. *(Sie winkt.)*

Annemarie: Bitte nicht winken, Mama!

4 Schule-Soft

Mutter: Hallo, Ulfi! *(leise zur Tochter)* Gib ihm bitte ab und zu von deinem Schulbrot zu essen!

Annemarie: Wieso denn?

Mutter: Dann hilft er dir in Mathematik.

Annemarie: Ulfi ist ein Klugscheißer.

Mutter: Der Junge ist ein Genie. Er hat dir schon im Kindergarten dein Bobbycar repariert.

Annemarie: Na und?

Mutter: Angeblich kann er schon einen Computer bedienen.

Annemarie: Soso.

Mutter: Schau mal, Stakenkötters! Ich wusste gar nicht, dass die ihren Jan-Sören in diese Schule schicken. Dabei ist der Junge ein Legastheniker.

Annemarie: Jan Sören ist aber ganz in Ordnung, Mama.

Mutter: Da hinten, die Lehmann-Zwillinge! Huhu!

Annemarie: Lass es, Mama, bitte!

Mutter: Die magst du doch, Annemarie, oder?

Annemarie: Geht so.

Mutter: Du wirst dich zwischen sie setzen, hörst du!

Annemarie: Wenn's sein muss.

Mutter: Miriam Lehmann wird dir in Deutsch helfen und bei Melanie Lehmann schreibst du Englisch ab. Wiederhole bitte, was ich gesagt habe!

Annemarie: Melanie wird mir in Deutsch helfen und bei Miriam schreibe ich Englisch ab.

Mutter: Umgekehrt, du Dummkopf!

Annemarie: Wie du meinst, Mama.

Mutter: Jetzt müssen wir uns nur noch anmelden. *(ruft)* Hallo, ist hier jemand?

2. Szene

Eine Lehrerin betritt die Bühne.

Lehrerin: Hab ich da eben ‚anmelden‘ gehört?

Mutter: Ich möchte meine Tochter an dieser Schule anmelden.

Lehrerin: Ah ja.

Mutter: Sag deinen Namen, Annemarie, mach schon!

Annemarie: Annemarie.

Lehrerin: Na da freuen wir uns aber. – Herzlich willkommen, Annemarie!

Annemarie: Tach.

Lehrerin: Welche Anmeldung darf es denn sein?

Mutter: Eine ganz einfache Anmeldung. Wir haben an Schule gedacht.

Lehrerin: Soso, Sie haben an Schule gedacht.

Mutter: Ja ja, Unterricht und so.

Lehrerin: Unterricht und so.

KOHL VERLAG Der Verlag mit dem Baum
www.kohlverlag.de „Das Schultütentheater“ Sketche zur Einführung in die weiterführende Schule - Bestell-Nr. 10 930

4 Schule-Soft

Mutter: Sag doch auch etwas, Annemarie!

Annemarie: Ich möchte zum Gymnasium *(bzw. zur Gesamtschule/zur Realschule/zur Hauptschule)* gehen, ganz normal ...

Lehrerin: Ganz normal gibt es bei uns nicht.

Mutter: *(erstaunt)* Nein?

Lehrerin: Wir haben zur Zeit gerade die Schülerverwöhnwochen.

Mutter: Schülerverwöhnwochen?

Lehrerin: Wie der Name sagt, an unserer Schule werden die Schüler verwöhnt. Wir beginnen mit einer leichten Stundenplandiät.

Annemarie: Muss ich da Knäckebrot essen, Mama?

Lehrerin: Keine Angst, es geht nur um die Schulzeit. Wir unterrichten vier Wochen lang nur eine Stunde täglich.

Annemarie: Das nehm' ich, Mama!

Mutter: Gib Ruhe, Annemarie!

Lehrerin: Im Kombipack gibt es dazu das Schlaf-dich-aus-Ticket: Eine Entschuldigung für 12 mal Zuspätkommen.

Annemarie: Das ist ja traumhaft.

Mutter: Unsinn, Kind. Wir haben einen digitalen Funkwecker zu Hause. Außerdem ist Papa ein Frühaufsteher.

Lehrerin: Unter uns, ich empfehle Ihnen das Familienschmeichelpaket Schule-Soft mit dem Happy Afternoon.

Mutter: Happy ... wie bitte?

Lehrerin: Happy afternoon – fröhlicher Nachmittag – Hausaufgabenfrei bis zu den Herbstferien ... allerdings ...

Mutter: Ja?

Lehrerin: Allerdings können Sie dann auch gleich das XXL-Ferienticket wählen: Die Herbstferien werden bis Weihnachten verlängert und dann warten wir schulfrei auf den Osterhasen.

Annemarie: Aber ... dann habe ich ja gar keinen Unterricht mehr.

Lehrerin: Kluge Annemarie. Das XXL-Ferienticket ist bei uns nur der Einstieg in die Aktion kinderlose Schule.

Mutter: Kinderlose Schule?

Lehrerin: Ja, wir möchten in Zukunft ganz auf die Kinder verzichten.

Annemarie: Eine Schule ohne uns?

Lehrerin: Unsere Schule wird dann einen neuen Namen erhalten: Takatuka-Gymnasium.

Mutter: Taka ...

Lehrerin: Takatuka ... Weil es dort auch keine Schule gibt. Wir Lehrer haben uns das ausgedacht. Meine Kollegen werden es Ihnen erklären.

3. Szene

Das Lehrerkollegium betritt die Bühne.

Lehrerkollegium: „Lehrer sein“ ist heutzutage
Eine ungeheure Plage!
Denn in jedem Klassenzimmer,
Werden Kinder immer dümmer.
Können nicht mehr buchstabieren,
Nicht mehr schreiben, nur noch schmieren,
Und wir müssen's korrigieren.
Kinder können nicht mehr denken,
Schlafen ein auf ihren Bänken,
Kippeln, und der Stuhl fällt um.
Ach, was sind die Kinder dumm!

4 Schule-Soft

Wissen nicht, wer Rom gegründet
Oder wie man Schleifen bindet.
Glauben an den Osterhasen,
Popeln dabei in den Nasen,
Schreiben Schluss mit Buckel „s“,
Machen nur den Lehrern Stress,
Haben weder Biss noch Mumm!
Ach, was sind die Kinder dumm!

1. Lehrer: Ich habe im neuen Schuljahr genug Arbeit, auch ohne Schüler.

2. Lehrer: Ich möchte meine Doppelgarage verklinkern.

3. Lehrer: Ich habe eine Viertklässlerallergie. Wenn ich die Kinder da unten sehe, muss ich niesen ...

4. Lehrer: Wir sollten nur noch die Kinder aufnehmen, die ihren Vätern beim Wagenwaschen helfen.

5. Lehrer: Wir sollten auf Mädchen ganz verzichten.

6. Lehrer: Wir sollten nur noch Brillenträger aufnehmen, die rote Wollsocken tragen, im April Geburtstag haben und wissen, wie die Hauptstadt von Guatemala heißt.

Alle: Bravo!

1. Lehrer: Wir sollten nur noch Kinder aufnehmen, die mindestens 1,80 groß sind und einen Führerschein Klasse 3 besitzen.

2. Lehrer: Wir sollten alle Nichtschwimmer nicht aufnehmen.

4. Lehrer: Wer ein Tattoo trägt oder sich piercen lässt, fliegt auf der Stelle raus.

Alle: Auf der Stelle!

3. Lehrer: Gleiches gilt für die Kinder, die einen Brieffreund in Cuxhafen haben.

5. Lehrer: Wer daheim noch Barbiepuppen oder Playmofiguren hat, kann sofort wieder gehen.

Alle: Sofort!

6. Lehrer:	Wer zu uns möchte, muss einen Rauhaardackel haben.
1. Lehrer:	... der auf Kommando bellt ...
2. Lehrer:	... und bis zehn zählt.
3. Lehrer:	Wir nehmen nur noch Kinder mit Zahnspangen ...
4. Lehrer:	... und Kinder von Müttern, die Hannelore heißen und in Ulm geboren sind und wissen, wie man einen Schweinerollbraten zubereitet.
Annemarie:	Aber dann bleibt ja niemand mehr übrig!
Alle:	Um so besser.
Annemarie:	Um so besser?
Alle:	Natürlich sind Lehrer kinderlieb, Doch stören die Kleinen den Schulbetrieb! Wir können die Arbeit am besten verrichten, wenn wir ganz und gar auf die Kinder verzichten.

- ENDE -

Die Ansprache

Liebe Kinder, liebe Erwachsenen!

Wäre das Wirklichkeit, was uns die Schülerinnen und Schüler eben so lebendig vorgespielt haben, dann dürfte ich euch Kinder jetzt mit dem XXL-Ferienticket heimschicken, ihr könntet wieder ausschlafen und würdet das Leben zuhause mit unserem Familien-Schmeichelpaket genießen.
In der kinderlosen Schule werden keine Kaugummis mehr unter die Tische geklebt und in der großen Pause ist es auf dem Schulhof ganz still und leer, nur ein unbeschäftigter Hausmeister sitzt in der Sonne, liest Zeitung und gähnt.
Herr Schwertfeger, der Englischlehrer, kommt gut gelaunt aus der 6b, hüpft über die verlassenen Flure und jubelt im Lehrerzimmer: „Das war eine vorzügliche Stunde! Keiner hat den Unterricht gestört, niemand hat gepopelt, ich konnte meine Stimme schonen und den Kreideverbrauch auf Null senken."
Die Kollegen klatschen Beifall.
Frau Schmalzmann-Opperfeld, die kleine Musiklehrerin, ergänzt strahlend: „Ich konnte Brahms vorspielen ohne von Papierflugzeugen getroffen zu werden."
Herr Essig fügt hinzu: „Ich habe das Partizip Präsens eingeführt, es hat niemand gegähnt und Alexander Hering ist auch nicht vom Stuhl gefallen." Kein Wunder, er war ja auch nicht da.
Fräulein Mausinger konnte endlich über Sexualität und Fortpflanzung sprechen, kein einziger Junge hat gekichert, kein einziges Mädchen wurde rot.
„Bravo, Mausinger!", ruft der Direktor und es klingelt zur nächsten Stunde. Bei leeren Heften geht das Korrigieren der Klassenarbeiten neuerdings blitzschnell, und nachmittags rufen keine Eltern mehr an, weil sie sich über schlechte Noten ärgern oder weil sie Melissa, Tim oder Johanna wegen des Geburtstages von Tante Hilde vom Unterricht befreien möchten. Sollen sie doch alle daheim bleiben, solange sie möchten.
Vierzehn Tage später gibt es in der ersten kinderlosen Schule die erste Lehrerkonferenz. Das ist kein Problem, denn Lehrer können sich stundenlang mit sich selbst beschäftigen. Man diskutiert über die neuen Garderobenhaken in der Lehrergarderobe, stimmt ab über die Ziele des nächsten Lehrerausfluges und schließlich lauschen alle dem Vortrag einer jungen Biologielehrerin: Fleischlos essen, schülerlos unterrichten – oder: warum Lehrer länger fit bleiben, wenn es keine Kinder gibt.
Gegen Ende der Konferenz meldet sich Frau Krull mit zaghaftem Stimmchen aus dem Hintergrund: „Früher war es aber auch ganz nett!"
Empörung und Poltern ringsum: „Was wollen Sie damit sagen? Quertreiberin – gehen Sie doch in die Krabbelgruppe, auf die Hüpfburg oder in den Streichelzoo!"
Dann aber stimmt auch Herr Südhölter ein: „Ich hatte in meiner 5b so einen cleveren Jungen, der konnte vielleicht rechnen.."
Frau Maschmnann schwärmt: „Meine 7a war schwer in Ordnung – und dann die Miriam Koslowsky, ein wunderbares Kind, sehen Sie mal, ich habe noch ein altes Klassenphoto dabei."

4 Schule-Soft

Machen wir es kurz: Die Lehrerinnen und Lehrer sehnen sich zurück nach den Kindern und am nächsten Tag wird das Experiment Schule-Soft für gescheitert erklärt und abgebrochen.
Da sitzt ihr nun, und wir möchten in diesem Jahr und auch in Zukunft auf euch keinesfalls verzichten, denn ihr seid die Wichtigsten in unserer Schule.
Natürlich brauchen wir euch für die ganze Beibringerei, die wir Unterricht nennen. Steckt uns Lehrerinnen und Lehrern aber auch mit eurem Lachen an, verdreht uns die Köpfe mit euren schrägen Ideen, beeindruckt uns mit eurer Offenheit, verblüfft uns mit eurer Fantasie, mit eurer Abenteuerlust und mit eurer Begeisterungsfähigkeit. Lasst eure Kindertemperamente auf uns Erwachsene ein bisschen abfärben. Wir brauchen so einen wie Florian, der uns von seiner guten Grundschule erzählt, eine Tierfreundin wie Lisa, die Computerfreaks da hinten, Sarah, die sich um die Klassenkasse kümmern wird, Sebastian, der einfach nett ist, jede und jeden von euch.
Werdet größer und klüger in unserer Schule, aber, so hat es Erich Kästner ausgedrückt: „Lasst euch die Kindheit dabei nicht austreiben!" –
Damit ihr euch in den nächsten Jahren hier wohl fühlt, wünsche ich euch viele interessante Menschen: Mitschülerinnen und Mitschüler, Lehrerinnen und Lehrer.
Für die gemeinsame Zeit, die nun vor uns liegt, wünsche ich euch und Ihnen, liebe Eltern, alles Gute und Gottes Segen!

5 Gespenster

In dieser Szenenfolge sind die Neulinge zunächst gar nicht willkommen, da sie den älteren Schülern die Spielgeräte auf dem Schulhof streitig machen, an den Bushaltestellen drängeln, den Kiosk belagern und sich auch sonst recht tollpatschig benehmen. Da hilft nur ‚Abschreckung': Die Sechstklässler lassen es in der Schule kräftig spuken, rechnen aber nicht damit, dass die Neulinge mit Gespenstern bestens vertraut sind.

<u>Die Rollen</u>:

- 7 Fünftklässler
  Marie
  Fabian
  Ulf
  Carla
  Franziska
  Leon
  Katrin
- 3 Sechstklässler
  Tim
  Vera
  Max

1. Szene

Die Fünftklässler betreten unsicher die Bühne. Eine Stuhlreihe – 5 Stühle – ist dort aufgebaut.

Marie: Fabian, Ulf, beeilt euch!

Fabian: Ja doch, wir kommen schon.

Carla: Bestimmt haben sie längst ohne uns angefangen.

Ulf: Unsinn.

Leon: *(Er schaut sich um.)* Nanu ... hier ist ja kein Mensch.

Fabian: *(ruft)* Hallo!

Katrin: Total tote Hose.

Franziska: Vielleicht probt die Theatergruppe nebenan noch eine Begrüßungsszene für uns.

5 Gespenster

Ulf: Pst! Leise! – Hört sich ganz nach Pantomime an.

Marie: Und wo sind die anderen Fünftklässler?

Fabian: Vielleicht gibt es gar keine anderen Fünftklässler in diesem Jahr.

Ulf: Du meinst, wir sind ...

Fabian: Die einzigen!

Leon: Die einzigen Fünftklässler?

Fabian: Außer uns hat sich niemand hier angemeldet.

Franziska: Ich hab's geahnt, diese Schule ist mega out.

Carla: Eine leere Lehranstalt.

Ulf: Ein pädagogischer Saftladen.

Marie: Einen Vorteil hat die Sache, wir kommen alle in die selbe Klasse.

Katrin: Allerdings werden sie bei sieben Neulingen auf die Begrüßungsfeier verzichten. Da lohnt sich der ganze Aufwand nicht.

Franziska: Ich verstehe das alles nicht, hier steht es doch schwarz auf weiß: *(Sie zitiert die Einladung der Schule.)* „Die Einschulung unserer neuen Fünftklässler erfolgt um 9.00 Uhr in der Aula."

Fabian: Sag das noch einmal, Franziska!

Franziska: „Die Einschulung unserer neuen Fünftklässler erfolgt um 9.00 Uhr in der Aula."

Katrin: Uhrenvergleich, Leute!

Alle: *(gleichzeitig)* Zehn vor acht!

Fabian: Kein Wunder, dass um diese Zeit noch niemand hier ist.

Marie: Außer uns.

Ulf: Sieben Grundschulkids beim Frühstart erwischt.

Katrin: Sieben Streberzwerge von der Strebergrundschule hinter den 7 Streberbergen.

Carla: Das ist peinlich, Leute, sehr peinlich!

Leon: Da kommt jemand, verkrümeln wir uns lieber.

Sie hocken sich hinter eine Ecke und verfolgen von dort aus das Gespräch.

2. Szene

Drei Sechstklässler kommen herein.

Tim: Habt ihr es schon gehört?

Vera: Was denn?

Tim: Die Neuen kommen heute.

Vera: Die neuen Computerspiele?

Tim: Kalt, eiskalt.

Max: Die neuen Karten fürs Monsterquartett?

Tim: Noch kälter. Ich meine die neuen Fünftklässler.

Max: *(lacht)* Das hat ja auch etwas mit Monstern zu tun.

Vera: *(albern)* Die Invasion der Quälgeister.

5 Gespenster

Max: Dann wird es ganz schön eng bei uns.

Tim: Du sagst es, Max. Gedränge an den Bushaltestellen ...

Vera: Gezeter vor dem Kiosk ...

Max: Über hundert Grundschulschwächlinge, die von nichts eine Ahnung haben.

Vera: Sie verwechseln die Toilette mit dem Sekretariat und fragen dich auf dem Klo: „Krieg ich hier Kreide?“ *(Gelächter)*

Tim: *(spielt die Situation nach)* Überall stolpert man über die Zwerge.

Vera: Nicht einmal in Ruhe abschreiben kannst du.

Max: Du kritzelst dir gerade einen Spickzettel und plötzlich steht so ein Blindfisch hinter dir und fragt: „Warum schreibst du so klein? Ist dir etwa das Papier ausgegangen? Warte, ich leihe dir ein Blatt!“

Tim: Wenn wir sie doch irgendwie abwimmeln könnten.

Vera: Wir erzählen ihnen einfach, dass die Schule geschlossen wurde, weil ...

Max: *(von der eigenen Idee begeistert)* ... weil den Paukern die Kreide ausgegangen ist.

Tim: *(von der eigenen Idee begeistert)* ... weil Außerirdische im Lehrerzimmer gelandet sind und den Hausmeister entführt haben ...

Vera: *(von der eigenen Idee begeistert)* ... weil es im Keller spukt ...

Tim: Sag das noch einmal, Vera!

Vera: Na ja, die Schule wurde geschlossen, weil es im Keller spukt.

Tim: *(begeistert)* Du bist genial, Vera!

Max: *(skeptisch)* Was soll der Unsinn. Der einzige, der im Keller spukt, ist unser Hausmeister. Da gibt es keine Gespenster.

KOHL VERLAG Der Verlag mit dem Baum
„Das Schultütentheater“
www.kohlverlag.de Sketche zur Einführung in die weite-führende Schule - Bestell-Nr. 10 930

Tim: Dann werden wir eben welche erfinden.

Vera/Max: Gespenster?

Tim: Na klar. Hört zu!

Sie tuscheln miteinander und gehen zur Seite.

3. Szene

Die Fünftklässler kommen unbemerkt hervor.

Katrin: So eine Gemeinheit!

Leon: Das ist ja unverschämt.

Carla: Sie wollen uns loswerden, indem sie uns Gespenstergeschichten erzählen.

Katrin: Na wartet! Denen werden wir den Spaß verderben.

Franziska: Die sollen etwas erleben. Kommt!

Carla, Leon, Katrin, Ulf und Franziska nehmen auf Stühlen nebeneinander Platz. Im Hintergrund – verdeckt – verkleiden sich Fabian und Marie als Gespenster – ganz einfach und schnell mit Tüchern-. Man wartet eine Weile. Dann kommt die Gruppe der Sechstklässler auf sie zu.

Tim: *(betont freundlich)* Hallo Grundschüler!

Vera: Herzlich willkommen an der ... *(Name der Schule)*!

KOHL VERLAG Der Verlag mit dem Baum
„Das Schultütentheater"
Sketche zur Einführung in die weiterführende Schule - Bestell-Nr. 10 930

5 Gespenster

Franziska: Hallo!

Max: Ihr werdet euch hier ganz schnell wohl fühlen.

Vera: Wenn ihr erst einmal den Blutigen Bernd kennen gelernt habt.

Alle Fünftklässler: *(gespielt ängstlich)* Den Blutigen Bernd?

Carla: Unser neuer Mathelehrer?

Max: Unser Schulgespenst. Er ist eigentlich ganz in Ordnung, wenn er nicht gerade mal wieder ein paar Fünftklässler verprügelt.

Vera: Ansonsten flirtet er mit der Rostigen Roswitha.

Leon: Die Sekretärin?

Vera: Das Gespenst aus der Sporthalle. Sie wirft manchmal mit Medizinbällen nach kleinen Mädchen.

Franziska: *(gespielt ängstlich)* Wie schrecklich!

Vera: Aber das ist längst noch nicht alles.

Tim: *(Wie zu einer Ansprache:)* Liebe Fünftklässler, wir möchten euch die Wahrheit über unsere Schule erzählen, die ganze Wahrheit. Vorausgesetzt, ihr könnt sie vertragen. Hört gut zu!

Max:
Da draußen spukt ein Schulhofgeist,
Es wohnt ein Troll im Klo.
Der Kerl ist eklig, dumm und dreist,
Der kneift euch in den Po.

Fünftklässler: *(gespielt ängstlich)* Oh!

Vera:
Er spritzt euch Wasser frech ins Ohr,
Und wirft mit Klopapier.
Er murmelt aus dem Leitungsrohr:
„Mein Kind, komm her zu mir!“

Leon: *(gespielt ängstlich)* Hilfe!

Tim:
Ein Schüler aus der 7 schlägt
Ganz kreidebleich Alarm:
Und ruft: „Die Sekretärin trägt,
Den Kopf unter dem Arm!“

KOHL VERLAG Der Verlag mit dem Baum www.kohlverlag.de „Das Schultütentheater“ Sketche zur Einführung in die weiterführende Schule - Bestell-Nr. 10 930

5 Gespenster

Vera:
„Sie tippt mit dürrer Knochenhand
Auf ihrer Tastatur.
Dann schwebt sie durch die Bücherwand
Nach draußen auf den Flur."

Franziska:
Wie schrecklich!

Max:
Das Klassenbuch tanzt Rock'n Roll,
Der Zirkel ruft: „Helau!"

Tim:
Die Kreide riecht nach Alkohol
Und färbt sich plötzlich blau.

Vera:
In Mathe gibt das Lineal
dem Pauker Lösungstipps.

Max:
Dem Tafelschwamm ist das egal,
Er grunzt: „Ich hab 'nen Schwips."

Im Hintergrund poltern und rumoren Marie und Fabian.

Alle Sechstklässler:
Oh Schreck, jetzt haben wir's geweckt,
Das wilde Monsterpack
Es greift jeden, den's entdeckt
Und steckt ihn in den Sack.

Vera:
(siegessicher zu den Fünftklässlern) Verschwindet, los, hört ihr nicht!

Franziska:
(steht mutig auf)
Ich fürcht' mich nicht vor Killerbienen
oder Tigerkrallen,
vergifteten Likörpralinen,
Glibberglitschequallen,
auch nicht vor durstigen Vampiren
oder Kettensägen,
vor Gruselgrauselhöllentieren,
die schwarze Eier legen.

Leon:
Ich fürcht' mich nicht vor Frankensteinen
oder dunklen Stuben,
vor Krötenschleim und Spinnenbeinen
oder Schlangengruben.

5 Gespenster

Carla: Wenn Haie dann, und zwar die weißen,
'ne Badebucht umzingeln
und frech in Luftmatratzen beißen,
könnt ich mich nur bekringeln.

Katrin: Die Zauberer und Hexenmeister,
die Ratten im Verließ,
selbst Keller-, Schloss- und Poltergeister,
die find' ich eher süß.

Ulf: Die Aliens mit Laserwaffen,
den Zottelzombiegreis,
kann ich vorm Schlafengehn begaffen
und träum' von Erdbeereis.

Leon: Bei Dracula, da stell ich fest,
der Typ hat keinen Biss.
Nur vor dem ersten Mathetest
hab ich ein bisschen Schiss.

Tim: *(entmutigt)* Ich geb's auf, die Grundschulzwerge können wir nicht schocken.

Vera: Habt ihr denn gar keine Angst?

Carla: Für uns ist eine Gespensterschule nichts Neues.

Vera: Nichts Neues?

Leon: Wir fühlen uns hier sozusagen wie zu Hause.

Carla: Zwei Gespenster haben wir gleich mitgebracht. *(Zwei Gespenster treten auf und jagen den Sechtsklässlern einen Schreck ein.)*

Fabian: Ich bin der Großmaul-Prügelmann
Ein strenger Muskel-Troll.
Wer lügen und betrügen kann,
Der kriegt den Hintern voll!

Sechstklässler: *(fürchten sich)* Hilfe!

5 Gespenster

Marie: Ich bin der kleine Grundschulgeist,
Gespenst aus Klasse vier,
das Kindern in den Hintern beißt,
die böse sind wie ihr!
(Gekreische bei den Sechstklässlern, bis die ‚Gespenster' ihre Verkleidung abwerfen.)

Tim: Ihr habt uns aber einen schönen Schreck eingejagt.

Max: *(gibt den Fünftklässlern die Hand)* Auf gute Zusammenarbeit, Leute!

Vera: Verratet uns bitte, wie ihr das gemacht habt.

Marie: Wir haben Gruselerfahrung.

Sechstklässler: Gruselerfahrung?

Franziska: Im Deutschunterricht haben wir uns vier Wochen lang in einer richtigen Gespensterschule herumgetrieben.

Ulf: Wir trafen dort Elfen und Trolle ...

Marie: Hexen und Zauberer ...

Fabian: Riesen und Zwerge ...

Katrin: Ein kleiner Junge hat uns gezeigt, wie man mit Gespenstern umgeht.

Sechstklässler: Ein kleiner Junge?

Leon: So einer wie wir, nicht groß, aber kess,

Franziska: ... ein wirklich ganz netter und flotter.

Ulf: Der macht mit Gespenstern ganz kurzen Prozess.

Franziska: Der Typ nennt sich ...

Alle Grundschüler: Harry Potter!

- ENDE -

Die Ansprache

Liebe Kinder, liebe Erwachsenen!

herzlich willkommen in unserer ganz und gar gruselfreien Muggelschule. Harry Potter werdet ihr bei uns nur zwischen Buchdeckeln antreffen, im Lehrerkollegium haben wir zum Glück keine Finsterlinge wie Mr. Snape, in der Bücherei gibt es keine verbotene Abteilung, auf den Toiletten treiben sich keine Trolle herum und in der Sporthalle werden die Besen nicht zum Quidditch, sondern nur zum Ausfegen bewegt.
Wenn bei uns einmal ein Tafelschwamm durch die Luft fliegt, dann liegt das nicht am Schwebezauber von Draco Malfoy, sondern an Julian oder Tim, die gern damit herumwerfen, wenn gerade kein Lehrer in der Nähe ist. Wenn sich bei Lena kurz vor der Versetzung eine dicke Englisch-Fünf in eine prächtige Vier oder gar in eine Drei verwandelt, dann liegt das nur an Lena selbst, die jetzt endlich Vokabeln gepaukt hat. Nur wenn Sebastian neuerdings Tinas Tasche trägt und selbst in der Mathestunde wie ein glücklicher Teddybär zu Tina hinüber grinst, dann ist vielleicht doch ein ganz bisschen Liebeszauber der allerbesten Hogwartssorte im Spiel.
Ein paar Gespenster gibt es jedoch auch an unserer Schule. Sie sind selbstverständlich unsichtbar und bewohnen an manchen Vormittagen eure und unsere Köpfe. Wenn ihr erst ein paar Wochen bei uns seid, werdet ihr die gemeine Cliquen-Hexe kennen lernen. Sie ist bei Jungen und Mädchen weit verbreitet, tuschelt gern hinter dem Rücken von Mitschülern, macht schrecklich einsam, kichert dumm und ist eng befreundet mit dem miesen Markenklamotten-Monster. Dieses dumme Biest erteilt euch eine Ohrfeige, wenn ihr mit den falschen Schuhen oder mit einer Jacke, auf der statt „Schnuffi" nur „Schniffi" steht, in die Schule kommt. Manche Kinder füttern es leider täglich mit dem, was die Werbung so anpreist.
Im Unterricht kann es euch passieren, dass ganz plötzlich der Ellenbogengnom auftaucht. Ein eben noch freundlicher Mitschüler zeigt euch auf einmal nicht mehr die Hausaufgaben, lässt euch nicht mehr ins Lesebuch gucken und antwortet auf die Frage: „Was hatten wir in Bio auf?" mit „Kümmer dich doch selber drum!"
In den Pausen treibt ein wildes Gespensterpärchen auf dem Schulhof sein Unwesen: der Gleichgült und der Weggucker. Wenn es irgendwo Streit gibt, wenn eine Ungerechtigkeit geschieht oder wenn jemand ausgelacht oder gar verprügelt wird, dann packen euch Gleichgült und Weggucker und schieben euch schnell am Tatort vorbei, so als ob nichts gewesen wäre.

Liebe Erwachsene, wie an jeder guten Schule gibt es auch bei uns ein paar Elterngespenster. So taucht oft schon auf der ersten Klassenpflegschaftsversammlung die Ohne-mich-Marie auf. Diese Dame meldet sich energisch zu Wort, möchte überall mitreden, kümmert sich aber um nichts, wird mit der Zeit für Lehrer absolut unsichtbar und erscheint erst zum Sprechtag, wenn die Versetzung gefährdet ist.

KOHL VERLAG Der Verlag mit dem Baum www.kohlverlag.de „Das Schultütentheater" Sketche zur Einführung in die weiterführende Schule - Bestell-Nr. 10 930

5 Gespenster

Dem Drängler und dem Druckmacher dagegen geht alles nicht schnell genug. Dieses üble Gespensterpärchen möchte am liebsten, dass Isabelle eine Klasse überspringt. Sie haben jetzt schon Angst um die Abiturnoten und die Karriere, sitzen zu Hause am Mittagstisch, schimpfen wie die Rohrspatzen, wenn Sebastian mit einer Fünf heimkommt, verordnen Stubenarrest und Fernsehverbot, wenn der Biotest einmal daneben geht.
Auch bei uns im Lehrerzimmer tobt eine wilde Gespensterclique. Da ist der dicke Besserwisser, unser Berufsgespenst sozusagen, ein böser Kerl, der niemals lobt und mit dem Rotstift in sämtlichen Schülerheften spukt. Manchmal melden sich das kleine Aussteigerlein und der Frustzwerg, die uns in jeder Pause zuflüstern: „Kündige, kündige, kündige! Was ärgerst du dich über die Kinder anderer Leute. Wirf die Brocken hin, fliege auf die Bahamas und werde Eisverkäufer.“
Wenn ich euch und Ihnen heute kein Eis anbiete, dann liegt das an den vielen guten Geistern, die unsere Schule jeden Tag beseelen. Das sind die hilfreichen und engagierten Kolleginnen und Kollegen, das sind Sie, liebe Eltern, mit Ihrer aktiven Beteiligung am Schulleben, das seid ihr Kinder mit eurer Fantasie, mit euren ganz verschiedenen Talenten und mit eurem Interesse füreinander und für die Dinge des Lebens.
Soweit ich weiß, hat Harry Potter den Kampf gegen das Böse nur deshalb bestanden, weil ihn die Kraft der Liebe wie eine unsichtbare Haut umgeben hat. Eine solche Medizin kann ich uns allen für die nächsten Schuljahre nur empfehlen.

Sketche und Theaterliteratur

Brennpunkte - Theaterstücke im Fokus der Jugendproblematik

Alle Stücke lassen sich auch als Kurzlektüre einsetzen und auszugsweise szenisch darstellen!

- **„Ananas“**: *Die 8-jährige Anna ist mit ihrer Familie umgezogen und fühlt sich einsam. Die Angst vor der neuen Umgebung lässt sie wieder ins Bett machen. Aber da gibt es Menschen, die ihr helfen! (ca. 60 Min., 4 Hauptdarsteller, weitere Darsteller möglich)* 40 Seiten — **Nr. 10 936 — 14,80 €**
- **„Was ist Liebe?“**: *Ein Theaterstück rund um Sexualität, Missbrauch und Jugendschwangerschaft, (ca. 60 Min., 18-32 Darsteller)* 36 Seiten — **Nr. 10 938 — 13,80 €**
- **„Fette Beute“**: *Sascha, ein Migrantenkind, wird beim ersten Einbruch von einem gleichaltrigen Pärchen erwischt. Die Polizei kreuzt auf und alle verhalten sich anders als erwartet. (ca. 50-60 Min., 3 Hauptdarsteller, weitere Darsteller möglich)* 36 Seiten — **Nr. 10 937 — 13,80 €**

Erscheint im Frühsommer 2008.

Unsere Theaterreihe STARKE STÜCKE

-Peter Tiemann hat seiner Kreativität einmal mehr freien Lauf gelassen. Der jüngste Streich rfolgreichen Theaterautors sind diese neuen **„Starken Stücke“**. Ihre Theatergruppe wird mit ı einzelnen seine helle Freude haben. Bereits das Einstudieren der temperamentvollen und ınden Stücke bereitet Ihren Schülerinnen und Schülern sehr viel Freude! **Zahlreiche Rollen ən dafür, dass die ganze Klasse an dem einzigartigen Theatererlebnis teilhaben kann.** tücke sind modern, pointenreich und sie werden jeden Theatersaal zum Beben bringen!

Kusskrise ...oder: Ritter, Räuber & Randale“: *Wird Corinna, die Prinzessin, ihren Ritter ießlich küssen oder nicht? Das garantiert Spannung bis zum überraschenden Ende!*

beskummer XXL“: *Vater und Mutter glauben, ihr Sohn habe Liebeskummer. Dabei weint Ulf nur, er für eine Klassenparty Zwiebeln schneidet...* ***Achtung: Taschentuch-Garantie!***

ens in Niederottenbach“: *Außerirdische sollen im Pizzataxi durchs Dorf gekurvt sein. Die Kinder hen sich auf UFO-Jagd und landen mit verrückten Alien-Attacken in den Herzen der Zuschauer.*

pa in Panik“: *Für drei Tage werden die Kinder zweier Familien getauscht. Herr Krause behandelt ən neuen Gast erst gar nicht gut. Dann erfährt er, dass Lars-Eric der Sohn eines Polizisten sein ıte. Jetzt ändert sich alles schlagartig. Hat Herr Krause vielleicht etwas ausgefressen? Zum Brüllen!!!*

rks im Möbelhaus“: *Die Trillmichs wollen einen Klappstuhl für Ulf kaufen. Plötzlich ist Tochter ına verschwunden. Mutig stürzt sich der Vater in den Schlupftunnel des Kinderparadieses, um das zu finden. Schon bald muss er erfahren, wie ungemütlich es doch im Paradies werden kann...*

ulfest mit Schokoküssen“: *Am Würmelgymnasium steht das große Sommerfest vor der Tür: die nelolympiade. Dieses bunte, turbulente Stück eignet sich sehr gut für ein Schulfest an Ihrer Schule!*

e Kusskrise	(40 Seiten)	**Nr. 10 648**	**14,80 €**
ebeskummer XXL	(12 Seiten)	**Nr. 10 844**	**9,80 €**
ens in Niederottenbach	(16 Seiten)	**Nr. 10 845**	**10,80 €**
pa in Panik	(30 Seiten)	**Nr. 10 894**	**12,80 €**
rks im Möbelhaus	(24 Seiten)	**Nr. 10 931**	**11,80 €**
hulfest mit Schokoküssen	(36 Seiten)	**Nr. 10 932**	**13,80 €**

Übrigens: Das Aufführungsrecht ist im Kaufpreis inbegriffen!

Kohls beliebte Theaterklassiker!

terfans sind die nun schon seit vielen Jahren beliebten und bewährten Theaterstücke von -Peter Tiemann ein fester Begriff. Unzählige Aufführungen (auch im europäischen Ausland!!!) ı, dass diese Titel zeitlose Klassiker sind! Nun hat Tiemann damit begonnen, die Stücke lett neu zu überarbeiten und auch zum Teil erweitert. Die Stücke bieten Rollen für viele Dar- r und lassen sich schnell umsetzen. Hier ist neuer Stoff für Ihre motivierte Theater-AG!

mpo!“: *Was passiert eigentlich, wenn der Regisseur am Abend vor der Aufführung einsehen muss, dass Stück, welches man sich vorgenommen hat, eigentlich viel zu lang geraten ist? Lassen Sie sich überraschen!*

Tonnenfieber“: *Der absolute Theaterklassiker um rätselhaft-aufmüpfige Kids, die ihr Leben in Mülltonnen ingen wollen, wird inzwischen auch auf internationalen Schulbühnen gespielt. Neu überarbeitete Fassung!*

nsehaut und Seitenstiche“: *Die Darstellerin der Schwiegertochter konnte ihre Rolle wegen zu vieler Haus- ben nicht lernen... Das Publikum wird schließlich in den Mathe-Unterricht eingebunden! Ein turbulentes Stück!*

nnersache“: *Walter und Kurt, nicht gerade Helden in ihrer Ehe, erfinden die „Zeitmaschine“ und wollen ən Großen der Zeitgeschichte lernen, wie man sich im Leben (und in der Ehe) durchsetzt. Zum Kugeln!*

mpo!	(40 Seiten, bis 28 Darsteller)	**Nr. 11 112**	**14,80 €**
s Tonnenfieber	(30 Seiten, bis 30 Darsteller)	**Nr. 11 113**	**12,80 €**
nsehaut und Seitenstiche	(14 S., 18 D.)	**Nr. 11 114**	**9,80 €**
nnersache	(56 Seiten, bis 30 Darsteller)	**Nr. 11 119**	**15,80 €**

Übrigens: Das Aufführungsrecht ist im Kaufpreis inbegriffen!

Sketche und Theaterliteratur

Das Schultütentheater

Freche Sketche und artige Ansprachen zur Einschulung in die weiterführende Schule

Dieser Sketcheband wird Ihnen dabei helfen, bunte Einschulungsfeiern für die 5. Klassen zu gestalten. Hier stehen die Kinder im Mittelpunkt, denn sie sollen sich vom ersten Tag an in der neuen Schule gut aufgehoben fühlen. Statt steifer Rituale und Festreden finden Sie 5 vitale Spielszenen mit zahlreichen Bezügen zum Alltag der Adressaten. Immer geht es ‚drunter und drüber', verrückte Ideen verfremden den Schulalltag, das Kinderpublikum kann sich wiederfinden, die kleinen Ängste und Unsicherheiten des ersten Schultages sind sehr schnell vergessen, wenn auf der Bühne Schulalltag und Lehrerleben karikiert werden. Alle Szenen können ergänzt und aktualisiert werden. Die Stücke dauern bis zu fünfzehn Minuten und können mit wenigen Proben eingeübt werden. Hinzu kommen noch die pädagogischen Ansprachen, die kleine Denkanstöße geben wollen, indem sie die Motive der Spielszenen aufnehmen und verarbeiten.

5 Sketche auf 64 Seiten **Nr. 10 930** **14,80 €**

Neue fetzige Schulsketche

Hans-Peter Tiemann in seiner Paraderolle: Die „Neuen fetzigen Schulsketche" begeistern. Die Stücke sind ohne großen Aufwand umsetzbar, leicht zu erlernen und enthalten spannende Rollen, die Spaß machen und Begeisterung für das Theaterspiel wecken! Sie nehmen zwischen 3 bis 15 Minuten in Anspruch. Hier ist für jeden Anlass das richtige Stück dabei!

- Grundschule *(44 Seiten)*
  Nr. 10 796 **11,90 €**
- Sekundarstufe *(53 Seiten)*
  Nr. 10 797 **12,90 €**

GS: Stundenplan, Der Entschuldigungsautomat, Füllerbeschimpfung, Pauls Pause, Diese Lehrer!, Traumjob, Partyplanung, Dopingzeugnisfahndung, Zoobesuch, Experte gesucht, Nur ein Kind

SEK: Dummer Deutschlehrer, Aufklärung, Lehrerkollegium, Elternsprechtag, Eingetauscht, Toller Hecht, Dringende Durchsage, Mädchenparty, Hitzefrei, Klassenarbeit mit Übernachtung, Puppenschule, Federmappengeflüster

Klasse(n) Sketche, die begeistern!

Endlich Theater für die ganze Klasse! Die turbulenten Szenen haben für alle Mitwirkenden attraktive Rollen: Man verwandelt sich in eine stolze Hundedame, um zwei Seiten weiter einen verrückten Handytarif zu parodieren. Mit behutsamer Regie machen diese 6 Sketche aus jeder Klasse ein buntes Theaterensemble, mal zwischendurch, mal für den großen Bühnenabend!

50 Seiten **Nr. 10 893** **13,80 €**

Rote Karte!

10 Sketche rund um den Sport

Sketche von H.-P. Tiemann, die sich nur um ein Thema drehen: Sport! Die kurzen Stücke haben zahlreiche Rollen zu bieten, damit die ganze Klasse mitspielen kann!

„Wenn das Publikum in der Fankurve Platz genommen hat, pfeift die Regie zu zehn mal zehn Minuten prickelnder Unterhaltung auf der Bühne an. Mit dem Applaus geht es garantiert in die Verlängerung!" 40 Seiten

Nr. 10 649 **12,80 €**

Die Pizza-Pleite

Wir entführen das Publikum in die Steinzeit, lassen es im Vollmondfieber schwitzen, präsentieren kessen Modeschmuck, verteilen leckere Pizzaschnitten mit Pointenbelag und jammern mit Ulf, der sich ausgerechnet in die hübsche Tochter seines Zahnarztes verliebt... Der neue Sketcheband von H.-P. Tiemann ist **DIE** Empfehlung für Ihre Theater-AG! **Die Stücke werden das Publikum begeistern!**

50 Seiten **Nr. 10 831** **13,80 €**

Das Handy-Käppchen

Die 4 Stücke reichen vom umgeschriebenen Märchen *(das Handy-Käppchen)* bis hin zum Kabarett-Programm *(Der Literatur-Nobelpreis)*. Sie erleben Theater auf höchstem Niveau, das Ihr Publikum in den Bann ziehen wird! Die Stücke wurden schon mehrfach mit großem Erfolg auf österreichischen Bühnen gespielt! **Bis zu 20 Darsteller können darin mitwirken.** 56 Seiten

Nr. 10 740 **14,80 €**

20 ganz kurze Mini-Sketche

Kurze Sketche garantieren schnellen Lacherfolg. Leicht zu erlernen und für alle Altersklassen geeignet. Alle Stücke bestehen aus 2 Rollen. und dauern höchstens eine Minute.

Aus dem Inhalt: *Vaterfreuden, Verstehe nur Bahnhof, Rinderwahnsinn, Äußerlichkeiten, Klare Antwort, Falsch gepolt ...*

20 Seiten **Nr. 10 066** **9,80 €**

Heiliger Bimbam!

12 fetzige Weihnachtssketche

Machen Sie sich auf einen **turbulenten, spannenden Theaterabend** gefasst! Zahlreiche leicht zu erlernende Rollen sorgen für einen hohen Motivationsfaktor. **Die Sketche sind ohne großen Aufwand umsetzbar und für nahezu alle Altersstufen geeignet.** Ein Leckerbissen für ihr bevorstehendes Schulfest! Ein Bestseller!

60 Seiten **Nr. 10 750** **14,80 €**